Los búhos

por Kara Race-Moore

PEARSON
Scott
Foresman

Lo que ya sabes

Los seres vivos dependen unos de otros para obtener energía. Todos los seres vivos necesitan energía para vivir y crecer. Los productores usan la luz solar para producir su propia energía. Los consumidores se comen a los productores o a otros consumidores para obtener energía.

Los herbívoros son consumidores que sólo comen plantas. Los carnívoros son consumidores que sólo comen animales. Los consumidores que sirven de alimento a los predadores son presas. Algunos carnívoros también pueden ser presas. Los omnívoros comen tanto plantas como animales.

Las cadenas alimentarias se forman por productores y consumidores que interactúan y se pasan la energía. Cuando un consumidor se come a un productor, obtiene la energía de ese productor. Más adelante, ese consumidor puede llegar a ser presa de otro consumidor. Cuando dos consumidores tratan de obtener los mismos recursos, hay competencia entre ellos.

La cadena alimentaria continúa cuando un ser vivo muere y se descompone. Los descomponedores, como los hongos, desintegran y transforman las plantas, los animales muertos y otros residuos. Eso evita la dispersión de gérmenes y las enfermedades.

Los búhos y las lechuzas son aves muy parecidas. Tienen su propia manera de buscar alimento, hacer nidos y protegerse de otros animales. ¡Sigue leyendo para averiguar lo que sabemos acerca de estas aves!

Los búhos son carnívoros.

Así viven los búhos

Los búhos son aves que tienen adaptaciones especiales. Todos los tipos de búhos y lechuzas tienen algunas características en común. Todos tienen ojos grandes que miran hacia el frente, cabeza redondeada, cola corta y postura muy recta. Sus alas largas les permiten volar en silencio.

Los búhos se han adaptado para sobrevivir en distintos hábitats. Hay búhos en muchos lugares del mundo, incluso en los desiertos y la tundra polar.

Existen más de doscientas especies de búhos y lechuzas que varían en tamaño. El búho enano es del tamaño de un gorrión. Cuando el búho real abre las alas, pueden medir seis pies de punta a punta. Aunque existen muchos búhos, es raro verlos porque casi todos son aves nocturnas.

Debido a sus muchas adaptaciones, los búhos son excelentes predadores. Sus dos adaptaciones más importantes quizás sean el desarrollado sentido del oído y de la vista que tienen. Aunque ven muy bien de noche, dependen del oído para encontrar las presas.

En todo el mundo hay búhos. Como casi todos duermen de día, es muy difícil verlos.

Hábitats de los búhos

Hay búhos en todo el mundo que viven en diferentes hábitats. El cárabo común, como la mayoría de otros tipos de búhos, vive en los bosques. Hace su nido en los huecos de troncos de árboles y caza de noche. A diferencia de las aves que están activas de día, el cárabo común duerme en las ramas durante el día. El búho ártico, también llamado búho nival, vive en la tundra del Ártico. Hace su nido en el suelo. Su plumaje tupido le permite soportar el frío. ¡Tiene plumas hasta en los dedos!

El búho nival tiene plumas blancas con manchitas negras.

El cárabo común se lanza en picada desde árboles altos para atrapar su presa.

El mochuelo excavador vive en los pastizales y las praderas donde hay campo abierto. Hace su nido en las madrigueras que otros animales abandonan, como marmotas, zorrillos y perros de la pradera. A diferencia de casi todos los búhos, el mochuelo excavador a menudo sale a cazar de día. Caza y come insectos, además de los roedores que habitan en la pradera.

Las patas largas del mochuelo excavador son ideales para caminar en la pradera.

Cazadores nocturnos

Casi todos los búhos son aves nocturnas. Algunos pasan gran parte de la noche cazando lejos del nido. Otros cantan de noche, y cazan sólo al atardecer y al amanecer. Cuando se acerca a su presa, el búho extiende las alas lo más que puede. Saca sus grandes garras para atraparla. Luego, se la come de inmediato, a menos que la haya cazado para alimentar a sus crías.

Los búhos y las lechuzas cazan solos. Cada uno caza de distinta manera según la presa y el hábitat. Los búhos que viven en los bosques se posan largos ratos en las ramas, esperando oír alguna presa. En cambio, los que cazan en los pastizales sobrevuelan el terreno en busca de presas. Algunos cazan siempre de la misma manera. La lechuza cornuda se mete en las cuevas de murciélagos y espera. Cuando un murciélago trata de salir volando de la cueva, ¡la lechuza cornuda lo atrapa!

Las plumas de los búhos les sirven de
camuflaje para ocultarse de otros animales.
Al oír un ratón de pradera o cualquier otra presa
moverse, la atacan rápido y en silencio. Aunque
tienen la boca grande, los búhos no tienen dientes.
Con el pico, que es curvo y les sirve como pinzas,
despedazan la presa y se la comen toda.

Los búhos son tan cautelosos que, a veces,
¡ellos mismos no se ven! Por eso cantan, aletean
o chasquean el pico para avisar
a otros búhos que están allí.

**Este búho
extiende las alas
preparándose
para aterrizar.**

Vuelo silencioso

Las alas de la lechuza común le permiten planear suavemente mientras vuela en busca de su presa.

El vuelo de los búhos es silencioso. Como sus alas son redondeadas, no vuelan tan rápido como otras aves. La ventaja que tienen los búhos es que pueden volar casi en silencio total. La adaptación de las plumas de las alas les permite suavizar cualquier ruido que hagan mientras vuelan.

Las plumas de los búhos son muy suaves y aterciopeladas. Las puntas de las plumas de las alas de muchos búhos parecen flecos. Cuando vuelan, el aire pasa sin resistencia entre los bordes desflecados de sus plumas. Así no dejan grandes estelas, o rastros de su movimiento en el aire.

Las grandes estelas en el aire producen sonido. Las plumas de los búhos rompen y separan las estelas grandes en otras más pequeñas. Las estelas pequeñas producen menos sonido. Por eso, el búho hace muy poco ruido al volar. Así puede sorprender a su presa, que no lo oye cuando se le acerca.

plumas de vuelo

Las puntas de las alas del búho tienen ciertas características que le permiten volar sin apenas hacer ruido.

Presa fácil

¿Qué crees que les gusta comer a los búhos? Muchos opinan que los ratones son su alimento favorito. Aunque comen ratones, los búhos también comen muchos otros tipos de animales.

Los búhos se alimentan de roedores, aves pequeñas, peces, ranas y también de insectos como saltamontes y escarabajos. Los más grandes, como el búho nival y el búho real, cazan aves grandes como las garzas, y hasta mamíferos pequeños como los zorros. Los búhos más pequeños atrapan polillas en el aire.

Los búhos comen animales pequeños, como ranas y ratones.

rana

ratón

Los huesos y el pelaje de la presa que este búho atrapó se convertirán en egagrópilas, como las que se ven a la derecha.

egagrópilas de búho

El búho digiere sólo las partes de la presa que le dan energía. El resto lo expulsa o escupe en forma de bolas llamadas egagrópilas. Esas bolas contienen todo lo que el búho no puede digerir, como los huesos y el pelaje de la presa.

Adaptaciones de los búhos

Los búhos han desarrollado adaptaciones muy importantes para sobrevivir. Entre ellas están su excelente vista y oído, el pico curvo y las garras afiladas y las plumas de flecos.

Camuflaje

La mayoría de los búhos duermen de día. Ocultos en los árboles y sin moverse, se protegen de los predadores diurnos. Las manchas que tienen en las plumas les sirven para ocultarse de los animales que los quieren cazar. Gracias a esas manchas y al diseño y color de las alas, los búhos se confunden con su hábitat. Los colores de las alas son parecidos a los colores de los árboles en los que duermen. Este camuflaje hace aún más difícil que un predador los vea.

Las plumas de este búho le sirven de camuflaje mientras duerme en el árbol.

Garras y pico

Las garras y el pico del búho son muy poderosos. Le permiten atrapar su presa con rapidez.

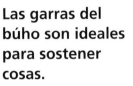

Las garras, o talones, del búho son flexibles y muy afiladas. Son tan fuertes que es raro que se rompan al atrapar una presa. Los búhos pueden abrir las garras, y luego enroscarlas y cerrarlas para agarrar y sostener bien la presa.

Las garras del búho son ideales para sostener cosas.

Con su pico corto y curvo, el búho puede despedazar a su presa. Como el pico es curvo hacia abajo, le permite ver por dónde va cuando lleva una presa en la boca.

El afilado pico del búho está bien adaptado para la caza.

Vista

Los búhos tienen los ojos en el frente de la cara, en vez de a ambos lados como muchos otros animales. Poseen muy buena vista y son buenos cazadores, en parte, por la posición y el tamaño de sus ojos.

Las cuencas de los ojos ocupan gran parte del cráneo del búho.

Como los búhos no pueden mover los ojos dentro de las cuencas, deben voltear la cabeza para seguir el movimiento de cualquier objeto. ¡Casi pueden mover la cabeza en un círculo completo!

Como tiene los ojos en posición frontal, el búho puede calcular a qué distancia están las presas.

Oído

Los búhos pueden oír muy bien. Algunos cazan guiados sólo por el oído. Su cabeza es elíptica, o de forma ovalada. La posición de sus oídos internos les permite escuchar una gran variedad de sonidos. Además, tienen ciertas plumas en la cara que aumentan el volumen de los sonidos. No sólo eso, sino que la forma y la posición del oído interno izquierdo y del derecho son diferentes. Por eso, el búho puede escuchar sonidos que vienen de lugares diferentes, y saber dónde está la presa.

Los penachos de la cabeza del búho parecen orejas, pero son sólo plumas.

Pichones de búho

Los búhos hacen su nido en madrigueras oscuras y en los agujeros de los troncos. Cuando terminan de hacer el nido, ponen los huevos. Por lo general los huevos son blancos. Así los padres pueden verlos con facilidad. La madre incuba los huevos durante un mes, más o menos.

Huevo de cárabo común

Los padres vigilan a sus pichones hasta que crecen y pueden cuidarse solos.

Cuando los pichones salen del cascarón, dependen por completo de sus padres para comer. Al comienzo, el padre se encarga de traer el alimento al nido. La madre da a los pichones trocitos del alimento. Cuando los pichones pueden tragar el alimento entero, la madre también sale a cazar para alimentarlos.

Al nacer, las plumas de los pichones se llaman plumón. Son suaves y tibias. Los pichones caminan y se trepan cerca del nido para conocer bien el lugar. A los pocos meses de nacer, les salen las primeras plumas adultas. Poco después, los pichones vuelan del nido.

Búhos reales iraníes pocos días después de nacer

Búhos y lechuzas

En todo el mundo hay distintos tipos de búhos. Cada uno tiene sus propias adaptaciones y conductas. Estos rasgos les permiten sobrevivir en los diferentes hábitats donde viven.

El búho real es uno de los búhos más grandes que existen. Es un cazador nocturno excelente.

El búho nival vive en uno de los climas más fríos del mundo.

El búho bengalí lleva el nombre de Bengala, una región de la India.

Al lechuzón de anteojos le gusta vivir cerca del agua en los bosques tropicales.

El cuerpo del búho nival está cubierto de plumas gruesas. Así puede conservar el calor en el clima frío de la tundra. El lechuzón de anteojos habita tanto en los húmedos bosques tropicales como en los más fríos. Se alimenta de insectos, reptiles, aves, cangrejos y roedores.

La lechuza común se encuentra en casi todo el mundo. Tiene la costumbre de hacer su nido en los graneros. Las lechuzas comunes son muy útiles a los granjeros porque cazan roedores que arruinan las cosechas. La lechuza común es una de las variedades de búhos más comunes del mundo.

Aves asombrosas

Los búhos son aves increíbles. Tienen adaptaciones que les permiten cazar de noche, atrapar su presa en total oscuridad y camuflarse mientras duermen de día. Pueden volar en silencio, y tienen un oído y una vista excelentes. Pueden ubicar con exactitud a su presa con tan sólo escuchar, y ven a larga distancia de noche o de día.

búho pescador malayo

Los búhos son aves muy flexibles. El cuello les permite girar la cabeza hasta 270 grados.
Las garras del búho están adaptadas para abrirse y extenderse, y luego enroscarse y cerrarse para atrapar la presa.

Hay búhos en todas partes del mundo. Todos están adaptados para vivir en condiciones distintas. Se comen enteros a muchos animales pequeños. Son buenísimos predadores, así como bellas aves nocturnas.

lechuza común

Glosario

cuencas   áreas huecas del cráneo donde están los ojos

egagrópila   bola formada por las partes de un animal que el búho no puede digerir

elíptica   forma ovalada con ambos extremos iguales

estela   rastro que queda en el aire cuando algo lo atraviesa y lo mueve o agita

incubar   mantener caliente

plumón   conjunto de plumas suaves y tibias que tienen las aves jóvenes antes de poder volar

postura   posición o manera de sostener el cuerpo

talones   garras de las aves predadoras